Atlas świata

z naklejkami i plakatem

Tekst: Paulina Kaniewska
Ilustracje i opracowanie graficzne:
Ilona Brydak

Spis treści

WILGA

Mapa świata

Zadanie

Uzupełnij mapę naklejkami.

OCEAN ARKTYCZNY
OCEAN SPOKOJNY
EUROPA
AZJA
AFRYKA
OCEAN INDYJSKI
AUSTRALIA
OCEAN POŁUDNIOWY

A to ciekawe...

Zadanie

Znajdź naklejki kontynentów.

Kontynenty

Lądy na Ziemi tworzy 7 większych obszarów zwanych kontynentami. Są to (w kolejności od najmniejszego do największego kontynentu): Australia, Europa, Antarktyda, Ameryka Południowa, Ameryka Północna, Afryka i Azja.

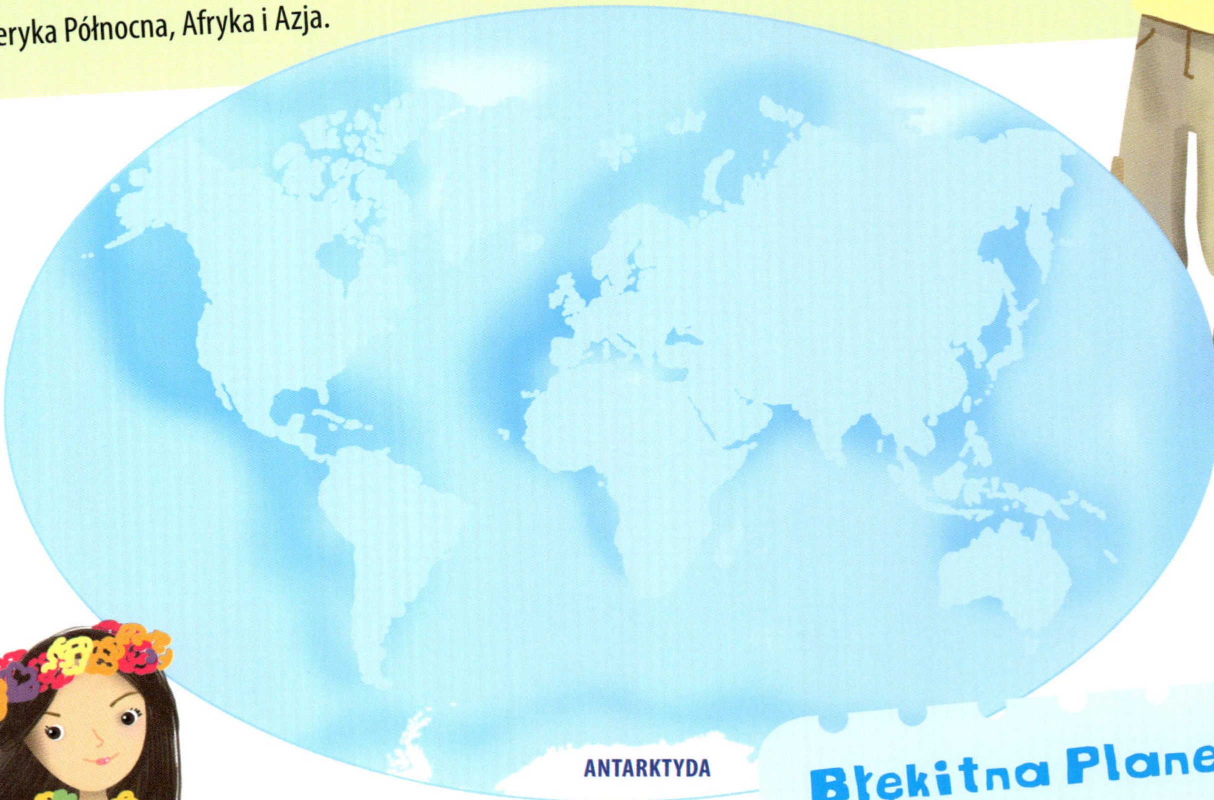

Błękitna Planeta

Ziemia jest nazywana Błękitną Planetą, ponieważ większość jej powierzchni (70 procent) pokrywają morza i oceany.

Ludność świata

Na Ziemi żyje ponad 7 miliardów ludzi. Najwięcej mieszka w Azji – ponad 4 miliardy, najmniej w Australii i Oceanii – ponad 36 milionów (dla porównania: w Polsce mieszka ponad 38 milionów ludzi). Państwa z największą liczbą ludności to Chiny i Indie – w każdym z nich żyje ponad 1 miliard ludzi. Na trzecim miejscu znajdują się Stany Zjednoczone Ameryki, które mają ponad 300 milionów mieszkańców.

Oceany

Największe obszary wodne świata to oceany: Ocean Atlantycki (Atlantyk), Ocean Spokojny (Pacyfik) i Ocean Indyjski. Niektórzy naukowcy wyodrębniają: Ocean Północny albo Arktyczny (wokół bieguna północnego) i Ocean Południowy, zwany też Lodowatym lub Antarktycznym (wody wokół Antarktydy).

Cztery strony świata

Zanim zaczniesz oglądać mapy, musisz wiedzieć, że są **cztery główne strony świata** (kierunki geograficzne):
północ (N – ang. *North*),
południe (S – ang. *South*),
wschód (E – ang. *East*),
zachód (W – ang. *West*)
oraz **cztery pośrednie**:
północno-wschodni (NE),
północno-zachodni (NW),
południowo-wschodni (SE)
i południowo-zachodni (SW).
Na mapach pokazuje się je w formie róży kompasowej.

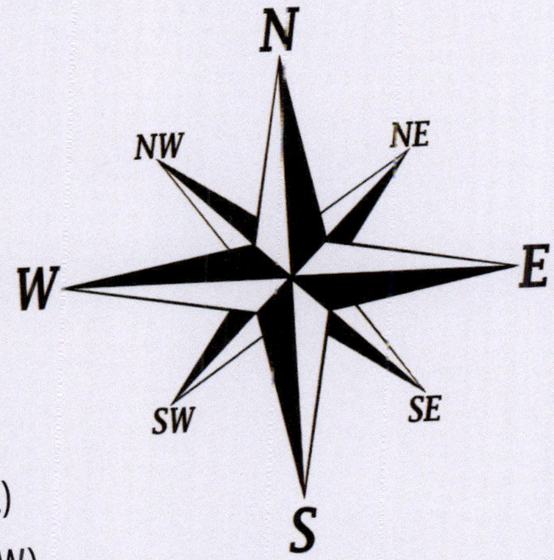

Państwa świata

Na świecie jest około 190 państw. Kraje największe pod względem powierzchni to: Rosja (17,1 mln km^2 – jest 50 razy większa od Polski!), Kanada (10 mln km^2), Chiny (9,6 mln km^2), Stany Zjednoczone (9,4 mln km^2), Brazylia (8,5 mln km^2) i Australia (7,7 mln km^2), która zajmuje cały kontynent, też o nazwie Australia. Najmniejsze państwo to Watykan (440 m^2) – miasto-państwo położone w Rzymie we Włoszech, siedziba papieża i najwyższych władz Kościoła katolickiego.

Cuda świata

Istnieje wiele list najciekawszych i najbardziej godnych uwagi miejsc na świecie. Wśród nich są:

Wielki Mur Chiński – niezwykła budowla obronna, kamienny mur o długości 2 400 km, wysokości do 16 m, 4–8 m szerokości, z bramami i wieżami. Chronił Chiny przed najazdami plemion z północy.

Machu Picchu – ruiny miasta Inków w Peru, położone w Andach na wysokości 2 400 m. Uważa się je za arcydzieło architektury i inżynierii. Jest świadectwem potęgi i bogactwa imperium Inków.

Tadż Mahal – monumentalny grobowiec, mauzoleum wzniesione na cześć zmarłej żony Mumtaz Mahal przez wielkiego mogoła Szahdżahana. Jest uznawany za najpiękniejszy zabytek sztuki muzułmańskiej w Indiach i nazywany świątynią miłości.

Koloseum – imponujące ruiny starożytnego amfiteatru w Rzymie.

Zadanie Znajdź i przyklej naklejki z cudami świata.

WIELKI MUR CHIŃSKI

MACHU PICCHU

TADŻ MAHAL

KOLOSEUM

Europa

Powierzchnia: 10,5 mln km^2

Ludność: 731 mln

Liczba państw: 47

Największe miasta: Moskwa, Stambuł, Londyn

Największa wyspa: Wielka Brytania – 229,9 tys. km^2

Najdłuższa rzeka: Wołga – 3 530 km

Najwyższa góra: Mont Blanc – 4 810 m (Alpy)

W Europie leży 47 państw. Większość połączyła się w Unię Europejską. Dzisiaj należy do niej 27 krajów (a do tego Cypr leżący w Azji), 16 z nich ma wspólną walutę – euro. Flaga Unii Europejskiej przedstawia 12 złotych gwiazdek na niebieskim tle. Hymnem Europy jest *Oda do radości* Ludwiga van Beethovena.

Nie wszystkie państwa Europy leżą w całości na jednym kontynencie, np. Hiszpania ma część terytorium w Afryce, a azjatyckie części Rosji, Turcji i Kazachstanu są większe niż ich części europejskie.

Największe państwa Europy (bez części azjatyckiej):

1. Rosja – . . . .
2. Francja – . . . .
3. Ukraina – . . . .
4. Hiszpania – . . . .
5. Szwecja – . . . .
6. Niemcy – . . . .
7. Finlandia – . . . .
8. Norwegia – . . . .
9. Polska – . . . .
10. Włochy – . . . .

(wpisz nazwy stolic)

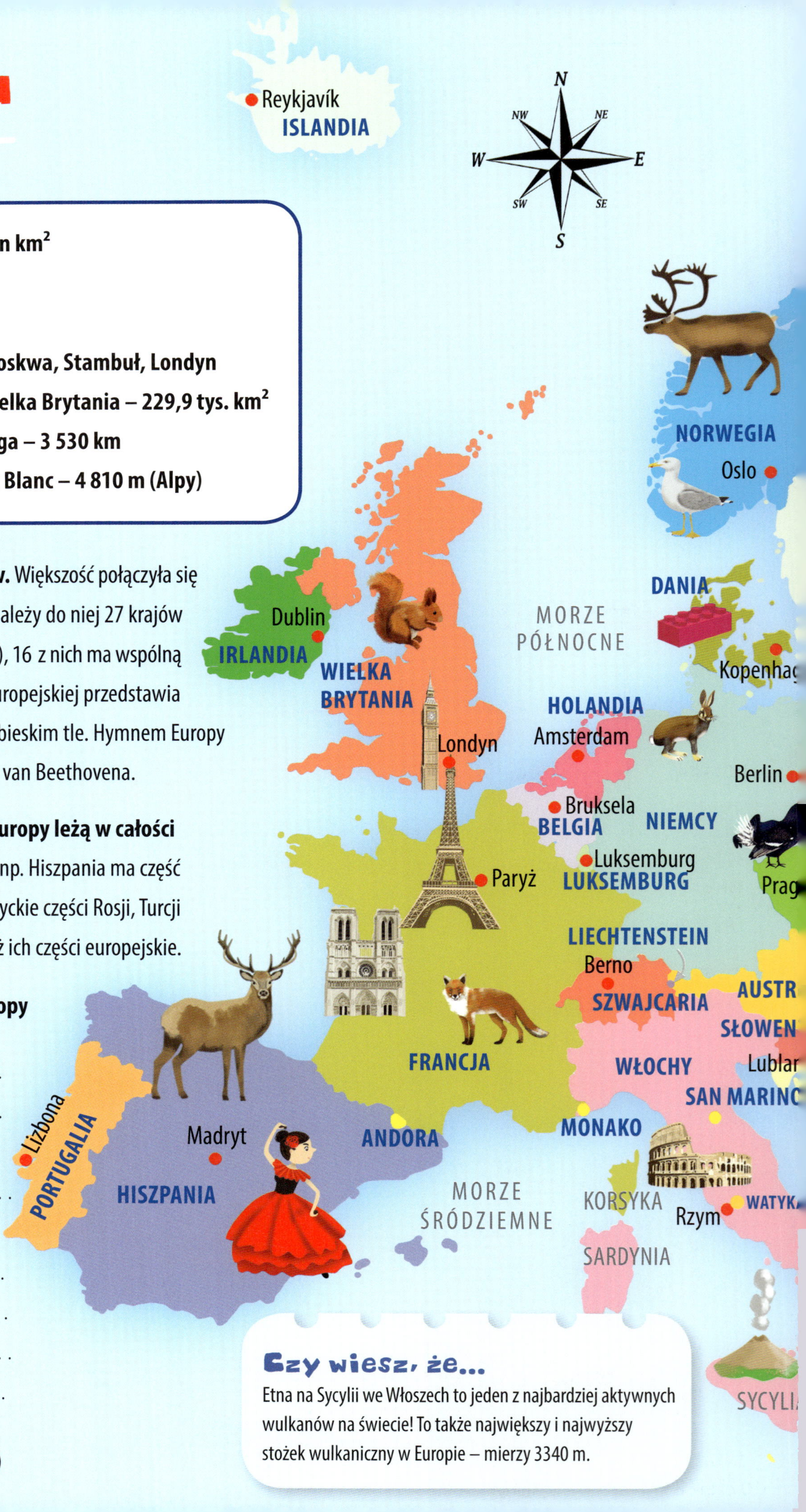

Czy wiesz, że...

Etna na Sycylii we Włoszech to jeden z najbardziej aktywnych wulkanów na świecie! To także największy i najwyższy stożek wulkaniczny w Europie – mierzy 3340 m.

Zadanie

Zaznacz specjalnymi naklejkami kraje, które udało ci się zwiedzić.

Zadanie

Znajdź wśród naklejek flagi państw sąsiadujących z Polską.

Afryka

Powierzchnia: 30,3 mln km^2

Ludność: 867 mln

Liczba państw: 54

Największe miasta: Lagos, Kinszasa, Kair

Największa wyspa: Madagaskar – 587 tys. km^2

Najdłuższa rzeka: Nil – 6 671 km

Najwyższa góra: Kilimandżaro – 5 895 m

Z Afryki pochodzili pierwsi ludzie, przodkowie wszystkich ludzi na Ziemi! To wielki kontynent, który się kojarzy z pustynią, dzikimi zwierzętami i kulturą starożytnego Egiptu. Najbardziej znane jej pozostałości to piramidy – ogromne kamienne budowle, które są grobowcami faraonów, czyli władców starożytnego Egiptu. Największe i najsłynniejsze piramidy znajdują się w Gizie (np. piramida Cheopsa).

W północnej Afryce znajduje się największa piaszczysta pustynia na świecie – Sahara. Dużą część kontynentu zajmują tropikalne lasy deszczowe (w paśmie równikowym) i sawanny. Sawanna to suchy, gorący i rozległy obszar porośnięty trawami i nielicznymi drzewami. Na sawannie żyją żyrafy, słonie i nosorożce, antylopy, zebry i bawoły, lwy, lamparty, gepardy i hieny. Jeśli chcesz je zobaczyć, możesz się wybrać na fotograficzne safari!

Afryka jest najgorętszym kontynentem – na pustyni w ciągu dnia temperatura może dochodzić do 50 stopni Celsjusza, ale nocą spada poniżej zera.

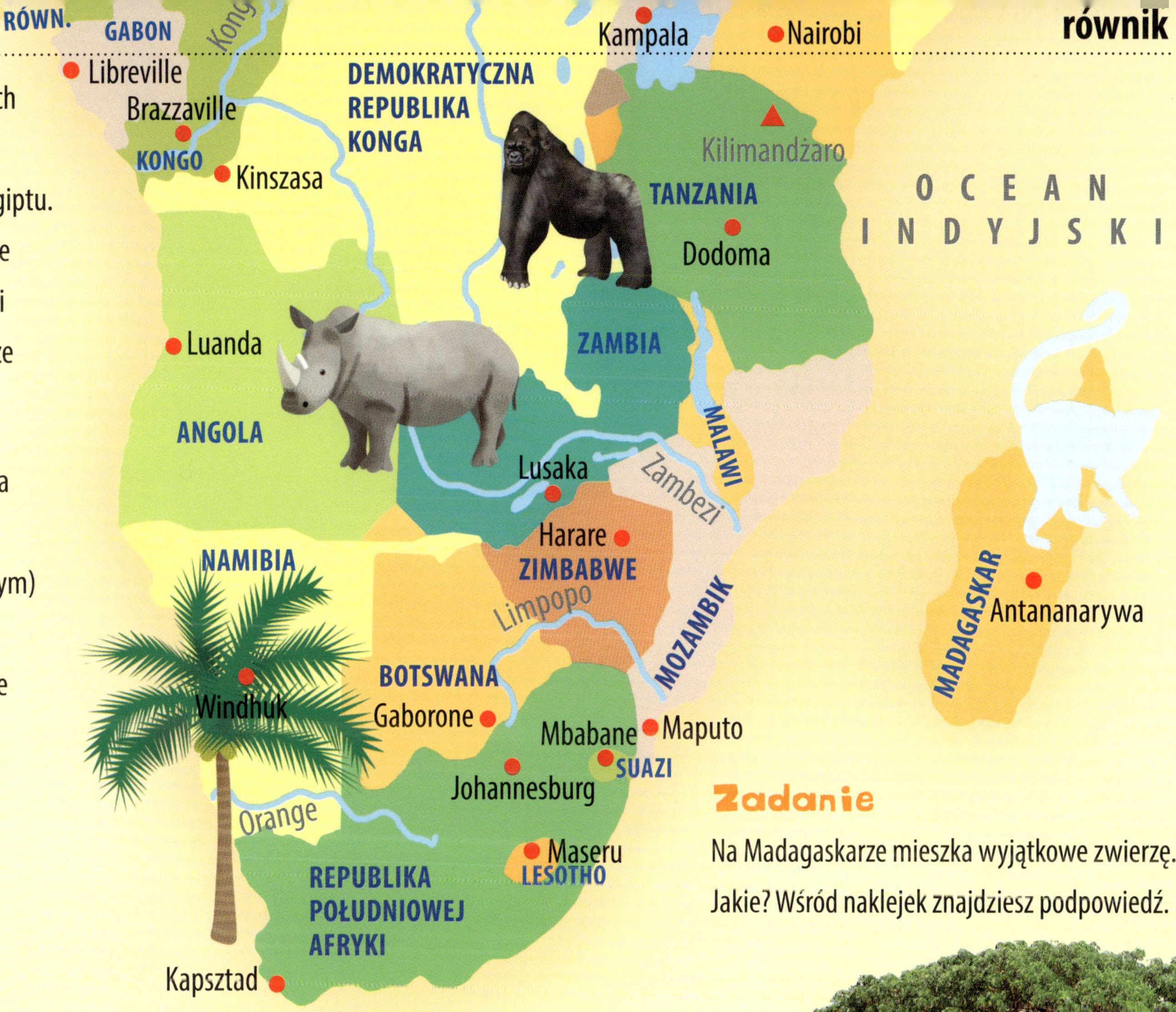

Zadanie

Na Madagaskarze mieszka wyjątkowe zwierzę. Jakie? Wśród naklejek znajdziesz podpowiedź.

Czy wiesz, że...

Kilimandżaro w Tanzanii to najwyższa góra w Afryce (5 895 m). Choć ten uśpiony wulkan znajduje się blisko równika, jego szczyt jest zawsze pokryty śniegiem!

Czy wiesz, że...

Afrykę od Europy oddziela Morze Śródziemne, w najwęższym miejscu – Cieśninie Gibraltarskiej – ma ono szerokość tylko 14 km.

Czy wiesz, że...

Baobab to długowieczne drzewo o bardzo grubym pniu. Osiąga do 25 metrów wysokości i do 45 metrów w obwodzie.

Ameryka Północna

Czy wiesz, że...
Symbolem Kanady jest liść klonu. To powszechnie rosnące drzewo miało olbrzymie znaczenie dla Indian. Odkryli oni, że jego pień po nacięciu wydziela słodki sok. Po zagęszczeniu otrzymywali z niego syrop klonowy, który był wartościowym pokarmem i pomagał przetrwać długie i srogie zimy.

Zadanie
Bizon jest symbolem Ameryki Północnej.
Znajdź go wśród naklejek i przyklej.

Czy wiesz, że...
Pióra bielika amerykańskiego są używane w tradycyjnych indiańskich ceremoniach, strojach i ozdobach, robi się z nich wachlarze, pióropusze i rozety z piór.

Czy wiesz, że...
Statua Wolności w Nowym Jorku to prezent dla Amerykanów od Francji! Posąg ma 46 m wysokości, razem z cokołem – 93 m.

Powierzchnia: 24,2 mln km^2

Ludność: 530 mln

Liczba państw: 23

Największe miasta: Meksyk, Nowy Jork, Los Angeles

Największa wyspa: Grenlandia – 2,2 mln km^2

Najdłuższa rzeka: Missisipi – 3 780 km

Najwyższa góra: Denali (wcześniej: McKinley) – 6 194 m

Ameryka Północna jest połączona z Ameryką Południową lądowym pomostem nazywanym **Ameryką Środkową**. Co ciekawe, nazwę rdzennym mieszkańcom obu Ameryk nadał Krzysztof Kolumb, który był przekonany, że dopłynął do Indii, dlatego nazwał ich Indianami.

Północna część kontynentu: Alaska, spora część Kanady i Grenlandia znajduje się za kołem podbiegunowym i jest skuta lodem. W tych surowych warunkach żyje niewielu ludzi. Rdzennymi mieszkańcami tych terenów są Eskimosi, sami nazywający się Innuitami.

Największe państwa Ameryki Północnej to Kanada – drugie co do wielkości państwo świata, o powierzchni 10 mln km^2, i Stany Zjednoczone Ameryki, w skrócie USA (od pełnej nazwy angielskiej: *United States of America*). Na USA składa się 50 stanów; największy z nich to Alaska, kupiona przez rząd tego kraju od Rosji w 1867 r. Głównym państwem Ameryki Środkowej jest Meksyk.

Ten kontynent kojarzy się z Indianami, kowbojami, preriami i niezwykłymi cudami natury, jak Wielki Kanion Kolorado, Góry Skaliste, wodospad Niagara czy Park Narodowy Yellowstone.

Czy wiesz, że...

Sekwoje to najpotężniejsze i najwyższe obecnie drzewa – mogą urosnąć do 100 m. Żyją nawet 2 tysiące lat!

Ameryka Południowa

Zadanie

Wiele owoców egzotycznych, które możesz kupić w sklepie, trafia do nas z Ameryki Południowej. Znajdź je wśród naklejek i przyklej na mapie.

Powierzchnia: 17,8 mln km^2

Ludność: 372 mln

Liczba państw: 14

Największe miasta: Sao Paulo, Bogota, Lima

Największa wyspa: Ziemia Ognista – 48 tys. km^2

Najdłuższa rzeka: Amazonka – 6 400 km (według innych źródeł: 7 040 km)

Najwyższa góra: Aconcagua – 6 960 m

Tu byłem!

Tu byłem!

Tu byłem!

Tu byłem!

Tu byłem!

Tu byłem!

Tu byłem!

Mapa świata

OC
GRENLANDIA
AMERYKA PÓŁNOCNA
EUROPA
OCEAN ATLANTYCKI
OCEAN SPOKOJNY
AMERYKA POŁUDNIOWA
północ
zachód
wschód
południe
ANTARKTYDA

AN ARKTYCZNY
OCEAN SPOKOJNY
AZJA
AFRYKA
OCEAN INDYJSKI
AUSTRALIA
OCEAN POŁUDNIOWY

Przyklej na mapie świata

Polska Niemcy Czechy Słowacja Ukraina Białoruś Litwa

Zaznacz na mapach miejsca, które chcesz zobaczyć!

Rosja

Czy wiesz, że...

Kolibry to najmniejsze ptaki na świecie. Mają od kilku do 20 centymetrów, a ważą do 20 gramów. Żywią się nektarem kwiatów. Potrafią zawisnąć w powietrzu, w tzw. locie furkoczącym. Uderzają wtedy skrzydełkami 50–200 razy na sekundę!

Czy wiesz, że...

30-metrowy pomnik Chrystusa Odkupiciela, górujący nad miastem Rio de Janeiro, to symbol Brazylii, a zarazem jeden z 7 cudów świata.

Czy wiesz, że...

Anakonda żyjąca w Amazonii to jeden z najdłuższych węży świata. To wąż dusiciel, który może połknąć nawet jaguara albo kajmana. Jest świetnym pływakiem, w wodzie osiąga prędkość do 20 km na godzinę.

W Ameryce Południowej znajdują się **zielone płuca świata**, czyli największe wiecznie zielone lasy deszczowe, które mają ogromne znaczenie dla klimatu na Ziemi. Obejmują obszar Amazonii – dorzecza wielkiej rzeki Amazonki. Żyje tu ponad połowa wszystkich gatunków roślin i zwierząt na świecie.

Wzdłuż zachodniego brzegu kontynentu ciągną się Andy – najdłuższy łańcuch górski na świecie. Wiele ich ośnieżonych szczytów to wulkany.

Amerykę Północną od Południowej oddziela Kanał Panamski o długości ponad 80 km. Skraca on drogę z Oceanu Atlantyckiego do Spokojnego. To najważniejsza droga wodna na świecie.

Największe państwo w Ameryce Południowej to Brazylia – zajmuje prawie połowę tego kontynentu. Sportem narodowym Brazylijczyków jest piłka nożna. Kraj ten słynie także z karnawału w Rio de Janeiro.

Azja

Powierzchnia: 44,4 mln km^2

Ludność: ponad 4 miliardy

Liczba państw: 51

Największe miasta: Karaczi, Delhi, Bombaj

Największa wyspa: Borneo – 736 tys. km^2

Najdłuższa rzeka: Jangcy – 6 380 km

Najwyższa góra: Mount Everest (Czomolungma) – 8 848 m (Himalaje)

Azja razem z Europą tworzy największy ląd nazywany Eurazją. Granica lądowa między Europą i Azją biegnie wzdłuż Uralu.

W Azji narodziły się najstarsze cywilizacje świata: w dolinie Tygrysu i Eufratu, na terenie Indii i Chin. Azja to także kolebka wielu religii: judaizmu, chrześcijaństwa, islamu i buddyzmu.

Azja to kontynent zróżnicowany. Znajdują się tu najwyższe góry na świecie – Himalaje, jak i najniższy punkt na lądzie – Morze Martwe, położone 413 m pod poziomem morza. Na północy, w strefie podbiegunowej, są obszary pokryte wiecznym lodem, a na południu rosną wilgotne lasy równikowe. W centrum rozciągają się rozległe stepy, półpustynie i pustynie.

Czy wiesz, że...

Morze Martwe to najbardziej zasolony zbiornik świata. Soli jest w wodzie tak dużo, że nawet osoby, które nie umieją pływać, z łatwością unoszą się na powierzchni.

Czy wiesz, że...

Najbardziej znanym zbożem w Azji jest ryż, który w Chinach jest uprawiany od ponad 5 tysięcy lat. Ryż rośnie na polach całkiem zalanych wodą.

Dzięki Chińczykom pijemy herbatę, Chiny do dziś są jej największym producentem. Pierwszy napar z liści zaparzył ponoć cesarz chiński prawie 2800 lat przed naszą erą. Z Chin wywodzi się też ceremoniał picia herbaty.

Czy wiesz, że...

Himalaje to najwyższe góry na świecie. Aż 10 szczytów ma wysokość ponad 8 tysięcy metrów, 8 z nich znajduje się w Nepalu.

Zadanie

Panda żyje tylko w Azji. Znajdź ją wśrod naklejek i przyklej na mapie.

Australia

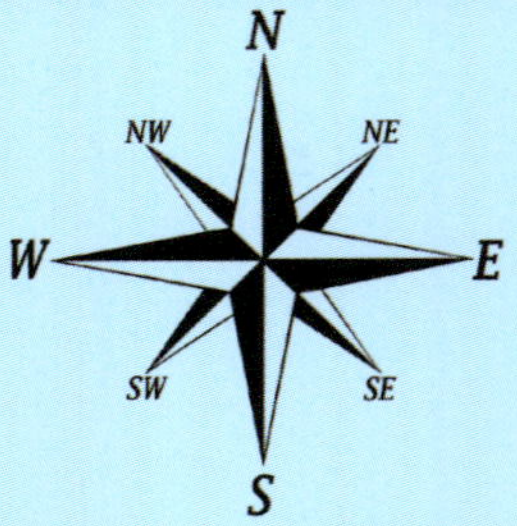

Zadanie

W wodach oceanu żyje wiele różnych stworzeń morskich. Umiesz je nazwać?

Australia i okoliczne wyspy na Oceanie Spokojnym (tzw. Oceania) to najmniej zaludniona część świata. Australia to najmniejszy kontynent. Niemal w całości pokrywają go pustynie i sawanny, więc ludność skupia się w miastach położonych wzdłuż wybrzeża. Na tym kontynencie znajduje się tylko jedno państwo, też o nazwie Australia.

Australia słynie z dziwnych zwierząt, które nie występują nigdzie indziej. Należą do nich: kangury, koale, dziobaki czy diabły tasmańskie.

Ocean Spokojny to największy i najgłębszy ocean. Jego powierzchnia wynosi 179,68 mln km², co stanowi około 50% powierzchni oceanu światowego, a zarazem jedną trzecią powierzchni całej Ziemi.

Czy wiesz, że...

Wzdłuż północno-wschodniego wybrzeża Australii na długości 2 tys. kilometrów ciągnie się Wielka Rafa Koralowa. To największa rafa na świecie, widać ją nawet z kosmosu! Ma szerokość od 2 do 150 kilometrów. Tworzą ją organizmy żywe – koralowce.

Czy wiesz, że...

Na Australii i Nowej Gwinei występują torbacze. To niezwykłe ssaki, których młode dorastają na brzuchu matki w fałdzie skóry, nazywanym torbą. Do torbaczy zalicza się m.in. kangury i wombaty.

Koala wcale nie jest niedźwiedziem! Na brzuchu ma torbę na małe, więc jest torbaczem jak kangur. Koale żyją na drzewach eukaliptusowych, których liśćmi się żywią.

AUSTRALIA

Powierzchnia: 7,7 mln km^2

Ludność: 20,6 mln

Liczba państw: 1

Największe miasta: Sydney, Melbourne, Brisbane

Najdłuższa rzeka: Darling – 2 700 km

Najwyższa góra: Góra Kościuszki – 2 228 m

OCEANIA

Powierzchnia: 1,2 mln km^2

Ludność: 32 mln

Liczba państw: 17

Największe miasta: Auckland, Christchurch, Port Moresby

Największa wyspa: Nowa Gwinea – 785 tys. km^2

Najdłuższa rzeka: Fly – 1 100 km

Najwyższa góra: Jaya – 5 030 m

Maska ludów z Oceanii

Czy wiesz, że...

Uluru to samotna, płaska góra w centrum Australii. Wyróżnia ją czerwonawy kolor i charakterystyczny kształt. To święte miejsce Aborygenów, czyli rdzennych mieszkańców Australii.
W jaskiniach u podnóża tej skały znajduje się wiele malowideł.

Antarktyda

Powierzchnia: 14 mln km^2

Najdłuższa rzeka: Onyx – 30 km

Największa wyspa: Wyspa Aleksandra – 70 tys. km^2

Najwyższa góra: Masyw Vinsona – 4 897 m

kontynent niezamieszkany

Czy wiesz, że...

Latem na Antarktydzie działa poczta brytyjska. W sezonie na wyspę Goudier, gdzie mieści się muzeum i poczta, przypływają codziennie statki z turystami, którzy mogą wysłać stamtąd pocztówki.

Antarktyda nie ma stałych mieszkańców. Przybywają tu jedynie naukowcy, którzy prowadzą badania w stacjach polarnych. Na Wyspie Króla Jerzego działa też Polska Stacja Antarktyczna im. Henryka Arctowskiego. Prowadzi badania od 1977 r.

Na Antarktydzie znajduje się biegun południowy. Jest to najzimniejszy, najsuchszy i najbardziej wietrzny kontynent – to lodowa pustynia. Jest tu nawet zimniej niż na biegunie północnym, a pada tu mniej deszczu niż na Saharze!

Czy wiesz, że...

Biegun północny to pływająca pokrywa lodowa na Oceanie Arktycznym. To drugi wyjątkowo zimny obszar na Ziemi.

Podróż dookoła świata

Czy chcesz odbyć podróż dookoła świata? Marzysz o zwiedzeniu różnych zakątków Ziemi? Przygotuj się do takiej wyprawy! Znajdź w folderach albo gazetach zdjęcia miejsc, do których chcesz pojechać. Wklej je w ramkach poniżej. Pod każdym zdjęciem napisz, co to za miasto, kraina albo region, i wyjaśnij, dlaczego chcesz je zobaczyć.

Rekordy geograficzne

! Największa pustynia – Sahara w Afryce (ponad 9 mln km^2).

! Najniżej położony obszar lądowy – Morze Martwe w Azji (413,2 m p.p.m.).

! Najwyższy szczyt – Mount Everest w Himalajach w Azji (8 848 m n.p.m.).

! Największe jezioro – Morze Kaspijskie w Azji (ok. 370 000 km^2), zarazem największe jezioro słonowodne.

! Największa wyspa – Grenlandia w Ameryce Północnej (ponad 2 mln km^2).

! Najgłębsze jezioro – Bajkał w Azji (głębokość 1 637 m).

! Najcieplejsze miejsce – El Jazira w Libii w Afryce (13 września 1922 r. odnotowano tam +57,8°C).

! Najzimniejsze miejsce – stacja Wostok na Antarktydzie (rekord z 1983 r. –89,2°C).

! Najzimniejsze miejsce zamieszkane przez człowieka – Ojmiakon w Rosji (–71,2°C).

! Najwyższy wodospad – Salto Angel w Wenezueli w Ameryce Południowej (980 m).

! Najgłębsze miejsce – Rów Mariański w Oceanie Spokojnym (11 034 m).

! Największy ocean – Ocean Spokojny (178,7 mln km^2).

! Najmniejszy ocean – Ocean Arktyczny (14,8 mln km^2).

! Najdłuższy system górski – Kordyliery i Andy w obu Amerykach (17 000 km).

! Najdłuższa rzeka świata – trwa spór czy jest to Nil, czy jednak Amazonka. Nil ma 6 671 km długości. Naukowcy podają, że Amazonka ma 6 400 km, licząc jej długość razem z rzeką Maranon. Niektórzy jednak twierdzą, że aż 7 040, bo liczą długość Amazonki razem z rzeką Ukajali.

! Najsuchsze miejsce – pustynia Atakama w Chile (średnia opadów wynosi tylko 0,01 cm na rok w ostatnich 400 latach!).

! Najbardziej mokre miejsce – Lloro-Choco w Kolumbii (średnie opady roczne 13 m).

! Najgłębsza jaskinia – Jaskinia Krubera (Jaskinia Wronia) w Gruzji w Azji (2 190 m).

! Najdłuższa jaskinia – Jaskinia Mamucia w USA (571 km).

Rekordy w świecie zwierząt

Płetwal błękitny to największy ssak na świecie. Osiąga długość do 30 metrów, a waży ponad 100 ton. Występuje we wszystkich oceanach.

Orka to najszybszy ssak morski, może płynąć do 60 kilometrów na godzinę.

Struś afrykański to największy ptak – może mieć nawet 2,5 metra wysokości. Nie umie latać, ale za to bardzo szybko biega. Pędzi nawet 70 kilometrów na godzinę! Żyje do 75 lat.

Słoń afrykański to największy ssak lądowy. Dorosły samiec może ważyć nawet 7 ton.

Żyrafa jest najwyższym zwierzęciem – może mieć nawet 5,5 metra wzrostu.

Gepard to najszybsze zwierzę lądowe. W pogoni za zdobyczą rozwija prędkość do 100 kilometrów na godzinę.

Pingwin cesarski to największy przedstawiciel pingwinów – osiąga 120 centymetrów wzrostu, waży do 45 kilogramów.

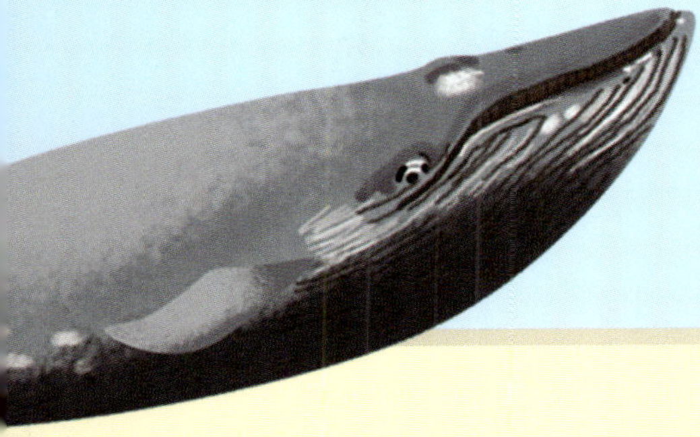

Waran z Komodo, zwany smokiem z Komodo, to największa współcześnie żyjąca jaszczurka. Może mieć 3 metry długości.

Żółw skórzasty to największy żółw morski. Rozpiętość jego wielkich płetw przednich dochodzi do 3 metrów! Może ważyć nawet 900 kilogramów.

Ary to największe papugi. Cechują się jaskrawym upierzeniem, dużym, hakowatym dziobem i bardzo długim ogonem.

Kolibry to najmniejsze ptaki. Mają od kilku do 20 centymetrów.

Sokół wędrowny to najszybszy ptak. W locie nurkowym osiąga prędkość do 400 kilometrów na godzinę.

Kałamarnica olbrzymia to największy mięczak. Ma do 20 metrów długości.

Niedźwiedź polarny jest największym ssakiem drapieżnym. Osiąga długość 3 metrów, waży do 800 kilogramów.

Kobra królewska to największy jadowity wąż. Jednym ukąszeniem może zabić słonia. Może mieć nawet 5,5 metra.

Delfiny należą do najinteligentniejszych zwierząt. Mają nawet swój język!

Quiz – czy znasz świat?

1. Który kontynent jest największy?

....

2. Na którym kontynencie nie mieszkają na stałe ludzie?

....

3. Ile jest oceanów? Wymień przynajmniej trzy:

....

....

4. Ile państw jest w Europie? Wymień przynajmniej pięć:

....

....

5. Zaznacz miasto, które NIE leży w Ameryce Północnej:

a) Rio de Janeiro, b) Ottawa, c) Waszyngton, d) Meksyk.

6. Które zwierzęta są symbolami Australii?

Znajdź je wśród naklejek.

7. Wymień 3 gatunki zwierząt, które można spotkać w Afryce:

....

....

8. Wymień 3 gatunki zwierząt, które można spotkać w Azji:

....

....

9. Wymień 3 gatunki ptaków, które można spotkać w Ameryce Południowej:

....

....

10. Na którym kontynencie pojawili się pierwsi ludzie?

....

11. Na którym kontynencie znajdują się zielone płuca świata?

....

12. Które góry są najwyższe na świecie?

....

13. Jak się nazywa największa wyspa na świecie?

....

14. Symbolem którego kontynentu jest bizon?

....

15. Który ptak jest największy na świecie?

....

A który najmniejszy? ....

Odpowiedzi na ostatniej stronie.

DYPLOM

podróżnika i odkrywcy,
znawcy całego świata
i mistrza w czytaniu map
dla

....

za niezwykłą podróż
przez lądy, morza i oceany
oraz pasję odkrywania
tajemnic i ciekawostek świata!

data ....

miejsce ....

przyklej
pieczątkę

Uwaga: Ze względu na skalę map nie zostały na nich zaznaczone niektóre mniejsze państwa i niektóre stolice.

Odpowiedzi do quizu

1. Azja.
2. Na Antarktydzie.
3. Jest 5 oceanów. Ich nazwy znajdziesz na mapach.
4. W Europie jest 47 państw. Znajdziesz je na mapie Europy.
5. a) Rio de Janeiro.
6. Kangur i koala.
7. Podpowiedzi znajdziesz na mapie Afryki.
8. Podpowiedzi znajdziesz na mapie Azji.
9. Podpowiedzi znajdziesz na mapie Ameryki Południowej.
10. W Afryce.
11. W Ameryce Południowej.
12. Himalaje.
13. Grenlandia.
14. Symbolem Ameryki Północnej.
15. Największy jest struś, najmniejszy jest koliber.

Objaśnienia stosowanych skrótów

tys. – tysiąc

mln – milion

m – metr

km – kilometr

km^2 – kilometr kwadratowy

m n.p.m. – metry nad poziomem morza

Tekst: Paulina Kaniewska
Projekt okładki, ilustracje i opracowanie graficzne: Ilona Brydak
Redaktor inicjujący: Marta Lenartowicz
Redaktor prowadzący: Danuta Kownacka
Skład: DoLasu | pracownia graficzna
Koncepcja i realizacja:
A PROPOS Serwis Wydawniczy
www.apropos.info.pl

WILGA

Grupa Wydawnicza Foksal sp. z o.o.
ul. Domaniewska 48, 02-672 Warszawa
tel. 22 826 08 82, 22 828 98 08
e-mail: biuro@gwfoksal.pl
www.gwfoksal.pl

ISBN 978-83-280-3922-3

Druk i oprawa: Trans-Druk, Konin

Wydrukowano na papierze Arctic Volume White
Arctic BY ARCTIC PAPER
www.arcticpaper.com

Prawa do zdjęć: Fotolia: piramida Dmitriy, słoń Jakub Krechowicz, żyrafa Bill Anastasiou, baobab Dudarev Mikhail, orzeł patthana, sekwoja samspicerphoto, Statua Wolności luciano mortula, anakonda hin255, lama amadeustx, chiński smok Rawich Liwlucksaneey, pole ryżu DN6, tygrys JackF, rafa koralowa Irochka, wombat Marco Tomasini, Urulu pattilabelle, maska Adwo, pingwiny Silver